[illegible]

L'ALHAMBRA

[illegible]

[illegible]

BIBLIOTHÈQUE
THÉATRALE

CHOIX DE PIÈCES NOUVELLES,

Jouées sur tous les théâtres de Paris.

THÉATRE DU PANTHÉON.

L'AUBERGE DU CRIME, OU LES CANARDS.

VAUDEVILLE EN UN ACTE.

---

30 CENTIMES.

PARIS

GABRIEL ROUX ET OLIVIER CASSANET, ÉDITEURS,

34, RUE DES GRAVILLIERS.

1841

L'AUBERGE DU CRIME,

OU

LES CANARDS.

VAUDEVILLE EN UN ACTE

De MM. Th. DEYEUX et Armand de VILLEVERT.

Représenté pour la première fois le 13 décembre 1840, sur le théâtre du Panthéon, à Paris.

DISTRIBUTION :

EUGÈNE PIERRON.... ⎱ voyageurs .... MM.	EUGÈNE PIERRON.	
LACHAUSSÉE, son ami. ⎰	PELVILAIN.	
DUBOIS de l'ÉTANG, fermier de Pierron ; accent normand très-prononcé...	CONSTANT.	
DUBOIS, aubergiste..	BRAUX.	
VICTOR, son fils...	LÉOPOLD BARRÉ.	
MADAME DUBOIS.. Mesd.	ÉLISE.	
CATHERINE, fille de Dubois de l'Étang, petite Cauchoise très-vive et folle; accent normand...............................	ALINE.	

La scène se passe en Normandie.

Le théâtre représente une auberge délabrée. Au fond, un balcon en bois où se trouvent des chambres de voyageurs. On y monte par un mauvais escalier à jour. A droite, sur le devant, l'entrée de la cave et un pétrin. A gauche, la cheminée a fourneaux, une armoire, et la porte de la chambre de Dubois. Au fond, au dessous du balcon, la porte de l'auberge et un lit.

SCÈNE PREMIÈRE.

DUBOIS, Mme DUBOIS (*Ils sont assis*).

Mme DUBOIS.

Ainsi nous serons obligés de quitter ce pays?

DUBOIS.

Pas de larmes... du courage, de l'espoir... que diable, on n'est pas toujours malheureux. Voilà dix ans que nous tenons cette auberge sur la grande route, nos petites affaires n'allaient pas trop mal ; nous ne faisions point fortune, mais enfin nous marchions. Pas du tout, les diligences qui descendaient chez nous ne s'y arrêtent plus; on a pavé le chemin de traverse, et les rouliers ont suivi cette nouvelle direction. Qui résisterait à tout cela ? — Cette maison est à mon cousin, il est aussi dur que riche, et si nous ne pouvons payer notre loyer, nous devons nous attendre à tout. Il nous chassera.

Mme DUBOIS.

Qu'allons-nous devenir maintenant? On ne peut rien espérer de ton cousin, il est si avare, si cupide.

DUBOIS.

Non, rien... inexorable; et puis il est fier. Il n'était, autrefois, que Dubois, tout comme moi; aujourd'hui, on l'appelle M. Dubois de l'Etang... sans doute parce qu'il a une marre dans la cour de sa ferme. Il a tous les défauts : entêté comme un Champenois, vif comme un Gascon, faux comme un Italien...

Mme DUBOIS.

Et chicaneur comme un Normand qu'il est. Ah! que n'a-t-il ton cœur, ton caractère toujours gai, franc, joyeux, même au milieu de l'adversité!

DUBOIS.

Moi, du chagrin... jamais... de la gaité... toujours. Je fais tort à mon pays, moi. Nous sommes ici en Normandie et je n'ai jamais pu avoir le plus petit procillon. — Mais tout n'est pas encore désespéré. J'ai envoyé Victor, notre fils, chez mon cousin, et peut-être sera-t-il plus heureux que nous. Notre auberge n'est qu'à dix minutes de sa ferme et Victor ne peut tarder à revenir.

Mme DUBOIS.

A moins qu'il ne fasse, comme d'ordinaire, la cour à sa petite cousine Catherine.

DUBOIS.

Ah ! c'est vrai... Ils s'aiment ces gaillards

là. (*Allant voir à la porte.*) Mais diable, le temps se couvre... Oh! Oh !.. nous aurons de l'orage avant une heure. — Ah! voilà Victor !.. Comment? avec sa petite cousine Catherine, et sa mère a pu consentir!..

(*Victor entre avec Catherine, qui tient sous son bras un petit panier : elle est en Cauchoise.*)

SCÈNE II.

DUBOIS, Mme DUBOIS, VICTOR, CATHERINE.

Mme Dubois, *embrassant Catherine.*

Est-ce possible!.. te voilà, ma jolie petite Cauchoise !

CATHERINE.

Oui, man bonne cousine, c'est mé itou.

VICTOR, *bas à son père.*

Rien à faire, il est inflexible, c'est un barbare, il ne veut rien entendre ! De l'argent !... de l'argent !

Mme Dubois, *à son mari.*

Eh bien ?..

DUBOIS, *consterné.*

Non...

VICTOR.

Et non absolument. Ah ! c'est un rude homme !

DUBOIS, *à Catherine.*

Comment ton père a-t-il donc pu te permettre de venir avec ton cousin?

CATHERINE.

Man père ? Y mé l'a défendu...

DUBOIS.

Et toi ?...

CATHERINE.

Mé ! mé v'là... Il a grondé man mère : j'ai profité de ce qu'elle ne savait pus ous qu'elle en était, j'li ai demandé : elle m'a répondu: Laisse moi tranquille. Elle fait tout ce que je veux, man mère, quand elle a de l'humeur ; elle est si bonne ! et puis, elle n'a pas tant seulement entendu quoi.

Mme Dubois.

Ton père grondait donc bien fort?

CATHERINE.

Cré bé, il fait un tapage !... Il a baillé des claques à man petit frère, dà.

DUBOIS.

Pourquoi l'a-t-il battu ?

CATHERINE.

Parce qu'il chantait; c'est qu'il tapait, il tapait, en criant : Oui, chante, va, chante, j'te ferai chanter, mé ; et pis il a assommé de coups Azor, vous savez bé, san vieux quen.

Mme Dubois.

La pauvre bête!

CATHERINE.

Parce qu'Azor le caresssait. Ah ! c'est bie ennuyeux allez, marchez.

Mme Dubois.

Mais tu n'en es pas plus triste.

CATHERINE.

Mé j'm'en moque tout de même, quoi.

Mme Dubois.

J'suis toujours bien flattée que ta mère t'ait confiée à Victor; ça me prouve qu'elle le regarde comme un garçon sage.

CATHERINE.

Ouais ! il est bé sage, allez, y m'a becquottée tout le long du chemin...

VICTOR (à part).

Est-elle gentille ! est-elle gentille ! je l'embrasserais toujours comme ça, moi.

DUBOIS,

Et cela ne te déplaisait pas?

CATHERINE.

Un brin... mais pas biaucoup (vivement) man cousin, j'ai faim.

DUBOIS.

Ah ! ben, ma pauvre erfant, nous n'avons pas de quoi te régaler ici.

CATHERINE (allant à son panier et prenant une tartine).

Ça m'est égal, j'ai des tartines de beurre dans mon panier, j'en ai déjà mangé une en route à la gamelle avec Victor... Le vilain il m'a tout barbouil ée. (Elle lui donne une tape sur l'épaule comme on fait au village.)

VICTOR (à part).

Ah ! c'est pas les tartines qui me mettaient en appétit... Puisque je vous dis que je la croquerais.

Mme. Dubois.

Va, Catherine, il faut renoncer à ton cousin; ton père ne consentira jamais à votre mariage....

CATHERINE.

Je l'sais bé, mais qué que ça m'fait à mé.

DUBOIS.

Comment?

Mme Dubois.

Qu'est-ce que tu veux dire?

CATHERINE.

Quand j'aurai l'âge, l'huissier de Falaise leur y parlera par respect à mes papas...

VICTOR.

Oh ! ma chère Catherine (il l'embrasse).

CATHERINE.

Ah ! bé, voyez vous, voyez vous? il ne peut pas s'en empêcher, quoi !

DUBOIS (sévèrement).

Eh bien ! Victor !

Mme Dubois.

Victor !

CATHERINE.

Ah! ne le grondez point, il n'ma point fait d'mal, j'aurais crié, dà.

DUBOIS, *bas à sa femme.*

Pourquoi faut-il que notre infortune s'oppose à leur union?

Mme Dubois, *bas à son mari.*

Ma foi, je n'en sais rien; avec une tête comme celle-là... il ne l'épousera pas lui... mais la petite gaillarde l'épousera.

CATHERINE, *prenant une seconde tartine.*

Tiens, si j'en prenais encore une... c'est bé bon tout d'même. Oh! c'est fameux... si j'étais roi, j'en aurais tous les jours à mon goûter; (*à Victor*) en veux-tu té?

VICTOR.

J'crois ben (*il lui baise la main.*)

CATHERINE.

Ne mords point, dà (*on entend du bruit au dehors*). Ah! mon Dieu! écoutez, c'est man père... qué frayeur... Que faire ?., il vient... cachez mé, il m'taperait. Je l'entends qui crie déjà, quoi. (*Elle se précipite vers l'escalier et tombe.*)

TOUS.

Ah!....

CATHERINE, *se relevant.*

Ah! mon nez tout en sang.

VICTOR.

Ciel! elle est blessée!

DUBOIS.

Ce n'est rien.

Mme DUBOIS, *la pousse précipitamment et la fait monter l'escalier de l'auberge.*

Vite, vite; voilà ton père.

CATHERINE *en montant.*

Là... ce n's'ra rien, ne vous effrayez point.

VICTOR.

Ma pauvre petite Catherine!

Mme DUBOIS.

Dépêche...

CATHERINE.

Ah! bé sûr qu'c'est man père... j'ai trop peur. (*Elle entre dans l'une des chambres de la galerie.*)

SCÈNE III.

DUBOIS, VICTOR, ET DUBOIS DE L'ÉTANG.

Il porte la perruque à la Gaspard, de grosses bottes à l'écuyère, un seul éperon, un chapeau à larges bords ronds. Il est enveloppé dans un manteau déchiré et tient un bâton à fouet (accent complet).

DUBOIS DE L'ÉTANG, *à la cantonnade.*

Non, non, ne débridez point la grise, j'vas la r'monter. Ah! vous v'là monsieur man cousin l'insolvable... Eh! bé quand me paierez-vous? J'vas vous faire saisir au moins.

DUBOIS.

Accordez-nous encore un délai, le temps ne sera pas toujours dur.

DE L'ÉTANG.

Vous n'me payez point?

DUBOIS.

Tenez, mon cousin, regardez. (*Lui montrant sa bourse*) Voilà tout ce qui me reste; il y a là dedans dix écus ; vous ne voudriez pas me laisser sans une obole.

DE L'ÉTANG, *prenant la bourse avec avidité.*

Pourquoi donc que je ne le voudrais point? Pourquoi? après?

DUBOIS.

Je n'ai rien moi, les meubles vous appartiennent; je ne vois que ma cariole qui est sous la remise.

DE L'ÉTANG, *avec apreté.*

Une mauvaise patache, pour me casser le cou!

DUBOIS.

Vous savez que toute la succession de mon frère le chapelier, mort il y a six mois, consiste en une trentaine de chapeaux que je vous ai montrés, ils sont encore là dans cette chambre, si vous les vouliez. (*Il lui désigne une des chambres du balcon.*)

DE L'ÉTANG.

Je les ai vus, j'n'en veux point. Tous les Normands n'sont point coiffés comme les Parisiens. Si j'prenions vos capiaux, j'les metterions su mes pommiers pour faire peur aux oisiaux. Hem! vos capiaux ; c'est comme des casquettes, il n'y a pas tant seulement d'quoi les empoigner!

DUBOIS.

Voilà encore mon fusil et un couteau de chasse, je n'ai rien de plus.

DE L'ÉTANG.

Oh! j'vas les emporter et ça tout de suite, quoi.

DUBOIS.

Voyez, mon cousin, je ne puis mieux faire pour vous prouver toute ma bonne volonté, j'ai deux montres.

DE L'ÉTANG.

All'sont y blanches ou jaunes ?

DUBOIS.

Les voici! prenez-les tous les deux : c'est celle de ma femme et la mienne.

DE L'ÉTANG.

J'te les garderai, va. (*Il les met sur lui; à Victor*) et té, man gas, t'en as pas une p'tiote dans ta poquette?

VICTOR.

Non, mon cousin, je n'en ai point.

DE L'ÉTANG.

Pauvre gas, te voilà tout grandi; ça t'aurait fait plaisi d'avoir une montre. (*à part*) et à mé itou.

VICTOR, *habilement.*

Oui, mon cousin, vous êtes bien bon. (*à part*) Vieux singe!

DE L'ÉTANG.

C'que j'en dis, c'est par amitié pour té. (*à Dubois.*) Voyons, écoute, Cousin, car mé, j'si bonhomme au fond. Je n'te f'rai rien signifier, j'attendrai le terme prochain, et pourtant tu m'dois cent écus, mais tu t'arrangeras comme tu voudras, t'emprunteras si tu peux; il faut qu'avec ce que tu me bailles là, tu me complètes soixante écus, j'm'en vas au marché, j'attends mon propriétaire M. Eugène Pierron, un auteur, il faut que j'le fête, et ça coûte gros à nourrir, un homme d'lettre... ah! mais, je reviendrai... fouille bé dans tes poques... il me faut soixante écus ce soir, sinon décampez! mais si tu l'veux bé, tu l'fras j'vas mettre ton fusil su la grise, ton sabre en bandouillère et à tantôt ; t'as une heure devant té. Mais si vous n'me payez point, ah ! détalez !.. (*à part.*) Quand j'n'y gagnerais que l'diner d'man propriétaire.

(*Haut.*) Allons, voyez, cherchez, payez et sans barguigner.

Air de la Normande.

DE L'ÉTANG.
Y m'faut de l'argent.
DUBOIS.
Encore un délai.
VICTOR et DUBOIS.
Voyez not' misère.
DE L'ETANG.
Y m' faut de l'argent.
DUBOIS.
Encore un délai
VICTOR et DUBOIS.
N' nous pressez pas tant.
ENSEMBLE.
DE L'ETANG.
Je n' suis point méchant,
Payez-mé pourtant,
Y m' faut de l'argent,
Je r'viens à l'instant.
Je n' suis point méchant
Vraiment,
Mais m' faut de l'argent.
DUBOIS et VICTOR.
Il n'est point méchant
Faut l' payer pourtant.
Il lui faut d' l'argent
Y r'vient à l'instant.
Il n'est point méchant
Vraiment,
Mais lui faut d' l'argent.
DE L'ETANG.
Non, je n'entends rien
A tout' ces sornettes.
VICTOR et DUBOIS.
Je vous pairions bien,
Mais j' n'avons qu' des dettes.
DE L'ETANG.
Ah ! c't argent là
N' me convient point dà,
On ne s' pai cheux nous
Qu'avé dé gros sous.
DUBOIS.
Attendez un mois
Et foi de Dubois
Si v' n'êt' remboursé
J' veux être chassé.
ENSEMBLE.
DE L'ETANG.
Je n' suis point témoin
De tout' vot' misère ;
Je n' vous chasse point
Je n' vous chasse point.
DUBOIS et VICTOR.
Ah ! soyez témoin
Dé tout' not' misère ;
Ne nous chassez point
Ne nous chassez point.

DUBOIS DE L'ETANG.
Non , non , non , cent fois non.
DUBOIS ET VICTOR, *le pressant.*
Mais, cousin , je vous supplie.
DE L'ETANG.
Non , non , j'vous l'répète encore.

(Reprise de la Normande).
Y m'faut de l'argent.
DUBOIS.
Encore un délai,
VICTOR et DUBOIS.
Voyez no.' misère.
DE L'ETANG.
Y m' faut de l'argent.
DUBOIS.
Encore un délai
VICTOR et DUBOIS.
N' nous pressez pas tant.
ENSEMBLE.
DE L'ETANG.
Je n' suis point méchant,
Payez-moi pourtant
Y m' faut de l'argent
Je r'viens à l'instant.
Je n' suis point méchant
Vraiment
Mais m' faut de l'argent.
VICTOR et DUBOIS.
Il n'est point méchant
Faut l'payer pourtant.
Il lui faut d' l'argent
Il r'vient à l'instant ;
Il n'est point méchant
Vraiment,
Mais lui faut d' l'argent.

(*Dubois de l'Étang sort, Victor le suit.*)

SCÈNE IV.

DUBOIS *seul*, *plus tard* Mme DUBOIS.
DUBOIS.

Ah ! ça s'gâte, ça s'gâte... L'cousin m'-traite en parent. (*Il commence à faire nuit.*)
Mme DUBOIS, *descendant l'escalier.*
Eh bien !... il n'a pas entendu Catherine ?
DUBOIS.
Non , il n'entend que le bruit de l'argent, c'est un arabe ; mais il est parti, Catherine peut venir sans crainte.
Mme DUBOIS.
La pauvre enfant a eu si grand peur, qu'après (*On entend le tonnerre et l'on voit briller les éclairs.*) avoir beaucoup saigné , elle s'est endormie dans cette chambre. Elle a encore le visage inondé de sang. — Mais entends donc le tonnerre, quel temps affreux, quel orage épouvantable.
DUBOIS.
Eh bien ! malgré ce joli temps, si nous ne comptons soixante écus à mon cousin, il nous met à la porte ce soir, et je n'en doute pas, c'est la première fois qu'il tiendra parole.
Mme DUBOIS.
Mais à ce compte, nous aurions trois mois de répit. D'ici là on peut trouver une ressource ; mon ami, il faut lui donner cet argent.
DUBOIS.
Le lui donner !.. lui donner soixante écus, et où diable veux-tu les prendre !
Mme DUBOIS.
Ecoute , tu connais ce joli nécessaire, ces petits bijoux qui me viennent de ma mère.

Quand nous avons vendu notre argenterie je les ai fait estimer, ils valent cent écus, ton cousin attendra bien un jour, et demain sans faute, j'irai les vendre à la ville.

DUBOIS.

Non, le sacrifice est trop pénible, c'est le seul objet qu'il faille garder. Tu dois le conserver religieusement.

Mme DUBOIS.

Je cours chercher ce nécessaire, tu ne l'as peut-être jamais vu, il est charmant.

(Elle court le chercher.)

DUBOIS, *un moment seul.*

Voilà dix ans que je travaille pour rien... le Ciel viendra-t-il enfin à mon secours?... Il n'abandonne jamais les honnêtes gens. Il nous aidera.

Mme DUBOIS, *apportant un coffret, le ose et l'ouvre.*

Regarde.

DUBOIS.

Eh bien! oui, mais ça me fait de la peine.

Mme DUBOIS.

Non.

SCÈNE V.

DUBOIS, Mme DUBOIS, VICTOR.

VICTOR, *essoufflé.*

Air De Paris à cinq heures du matin.

Ouf! que je respire,
Ah! vous allez rire
Quand je vais vous dire
Il pleut à torrents;
La foudre écarlate
Roule, gronde, éclate,
L'ouragan dilate
Les combles craquants.
Et sur Cocotte
Mon oncle trotte
T'nant la calotte
De son grand chapeau;
L'sabre au derrière,
Comme à la guerre,
L'fusil n'tient guère
Dessous son manteau.
L'éclair s'ouvre, brille,
La jument frétille,
Le vieux se tortille,
Prend la bête au cou,
La pousse et la claque,
Mais la selle craque,
Mon cousin se plaque
Dans le fond d'un trou.
Un vrai naufrage.
Le v'là qui nage,
Comme il enrage,
Vous ne savez pas,
C'est que Cocotte
Part sans la hotte
Et trotte, trotte,
A quatre cents pas.
La tempête crache,
Mon oncle ganache
S'enfuit et se cache,
Près d'un tas de foin;
Armé de sa brette,
Traînant l'escopette,
Oh! pour la toilette
C'est un vrai Bédoin

Là, le vieux fourbe,
Couvert de bourbe,
Prend le fusil courbe
Qu'il a laissé choir.
Sa voix appelle
Son ch'val rebelle
Qui fuit sans selle,
Trotte adieu, bonsoir.
Hasard incroyable,
Histoire impayable,
Croyant voir le diable,
Voilà qu'aux abois,
Deux messieurs très-graves
Se sauvent tout hâves
A travers les raves,
Comme deux Chamois.
Blanc comme un cierge,
De d'sus la berge,
— Est-ce une auberge?
Que l'un d'eux me dit.
Au s'cours, un gîte,
Un fagot vîte,
A souper d'suite,
Et surtout un lit.
Pendant que l'un frotte
Sur l'herbe sa botte,
Que l'autre marmotte
— Ah! ciel! ah! là! là!
Je m'suis dit: — Dépêche,
Et comme une flèche
J'ai franchi la brèche
Et puis me voilà!

DUBOIS.

Eh bien? que le diable t'emporte et eux aussi. Je n'ai rien à leur donner que du pain.

Mme DUBOIS.

Nous n'avons pas vendu les lits, puisqu'ils sont à ton cousin, nous pourrons toujours les coucher.

DUBOIS.

Ah! j'y pense: Il y a encore deux canards. C'est que ça sera dur comme du cerf. Il s'agit de les attraper, courons vite; viens, il ne faut pas que ces gens nous voient, ils croiraient ne souper qu'à minuit et dans trois quarts d'heure au plus, tout sera prêt. Alerte. Prenons chacun un couteau... toi, Marie, tu recevras ces messieurs.

(*Victor prend un couteau, Dubois en tient un autre, Mme Dubois reprend son coffret et l'emporte.*)

(*En ce moment, paraissent à la porte du fond, deux voyageurs, ils regardent avec étonnement Dubois et Victor, qui, surpris, cachent trop tard leurs couteaux. Ils observent aussssi Mme Dubois qui se sauve en portant sa cassette. Jeu muet et prolongé.*)

DUBOIS, *les apercevant.*

Soyez les bien venus, Messieurs, entrez. Nous courons chercher des bourrées pour vous faire du feu.

SCÈNE VI.

PIERRON, LACHAUSSÉE.

(*Pierron est en noir, Lachaussée est en gris.*)

LACHAUSSÉE, *avec effroi et regardant autour de lui.*

Ils ont dit: Prenons chacun un couteau.

— Ecoute, Pierron. il fait un temps bien abominable ; mais si tu m'en crois, partons, nous ne sommes pas bien ici.

PIERRON, *secouant la pluie de son chapeau.*

Allons donc, mais tu es fou, nous sommes à merveille, puisqu'il n'y pleut pas.

LACHAUSSÉE, *inquiet.*

Sortons, te dis-je... nous ne sommes pas en sûreté ici. — L'homme que nous avons vu de loin avant de nous diriger vers cette auberge, était évidemment un brigand... Eh bien ! tel est mon pressentiment qu'il sortait d'ici. — Ces gens-là, vois-tu, n'ont pas meilleure mine.

PIERRON.

Laisse donc. — L'homme que nous avons rencontré était *probablement* un garde en embuscade.

LACHAUSSÉE.

Oui, un garde qui avait *probablement* détourné le voyageur, dont le cheval fuyait à toutes jambes sur la côte... Crois-moi ! allons-nous-en, Pierron, allons-nous-en.

PIERRON.

Décidément tu perds la tête, tu me donnerais le regret de t'avoir emmené ; seul je resterais, nous voilà deux, qu'avons-nous à craindre ? Faut-il te répéter que nous ne devons être qu'à une faible distance de ma ferme? Sans l'orage, depuis la grande route où nous avons quitté la voiture, la traverse eût été la plus charmante promenade et jamais, jamais il n'arrive rien dans ce pays.

LACHAUSSÉE.

Oui, charmante promenade, en effet; elle est fraîche la promenade et faite pour inspirer le goût de la campagne. Tiens, crois-moi. sortons de ce coupe-gorge.

PIERRON.

Toujours poltron.

LACHAUSSÉE.

Mais que signifie, dis-moi, l'embarras de ces gaillards-là qui cachent des couteaux à notre aspect ?

PIERRON.

Eh ! tous les cuisiniers ont des couteaux.

LACHAUSSÉE.

Oui, sans doute, mais ils ne les cachent pas. Ah ! damné philosophe, fais des plaisanteries. Je te dis, moi, que nous sommes dans un coupe-gorge.

PIERRON.

AIR de M. Pilati.

Bah ! c'est toujours par des tendresses
Qu'on est en France assassiné ;
C'est au supplice des caresses,
Que tout mortel est condamné.
Femmes, grands seigneurs. gens en place,
T'ont choyé, trompé, compromis,
Va, ceux qui nous font la grimace,
Sont encor nos meilleurs amis.

LACHAUSSÉE.

Eh bien ! les meilleurs ne valent rien.

PIERRON.

Oh ! je ne dis pas le contraire.

LACHAUSSÉE.

Mais ne couchons pas ici. Que diable, quand tu ferais cela pour moi, nous ne serions encore que manche à manche. Je ne voulais pas venir en Normandie. tu l'as voulu, je suis venu ; mais j'ai plus envie de m'en retourner que d'y rester. Je te demande un peu, si ce n'était le plaisir d'être avec toi, que me ferait à moi que tu vinsses renouveler ici le bail de ta ferme. Faites donc cent lieues pour aller voir des bestiaux, des moutons, des vaches... enfin des bêtes de toute espèce.

PIERRON.

On en voit autant à Paris, n'est-ce pas?...

LACHAUSSÉE, *inquiet.*

Oh ! toi, il te suffit de railler pour vivre, et tu ne remarques pas seulement combien il est extraordinaire qu'on nous laisse si long-temps seuls. Est-ce naturel, quand on nous voit dans l'état où nous sommes? Mais réponds moi... Connais-tu des auberges quelque borgnes qu'elles soient, où il n'y ait pas seulement de feu? Et as-tu remarqué cette femme qui à notre approche s'est enfuie avec une riche cassette ?

PIERRON.

Ils ont dit qu'ils allaient chercher des bourrées. Un instant, ils vont venir.

(*Lachaussée, regardant çà et là d'un air inquiet, monte avec défiance quelques marches de l'escalier. Il redescend vivement et, saisissant le bras de Pierron, lui dit d'une voix étouffée :)*

Cet escalier est plein de sang.

PIERRON, *avec flegme.*

Tu m'ennuies, on en met partout, depuis qu'on joue vos drames.

AIR du Rondeau de la Pénélope de la Cité.

Mon cher, maintenant,
Grâce à votre fureur de drame,
Le théâtre en sang
Ne vit que d'empoisonnement.
On voit le tyran,
Tranquillement tirer sa lame,
Et jurer vraiment
A faire trembler un enfant.
Jadis nos aïeux,
Valaient bien mieux,
Je dois le dire.
Ils applaudissaient,
Au théâtre d'heureux couplets.
Par ses gais sujets,
Désaugiers les fit souvent rire ;
Mais nous aujourd'hui
Nous les ferions bâiller d'ennui.
Non, plus de gaité
En France, au village, à la ville,
L'esprit est gâté:
On ne rit plus en liberté.
Le sang est jeté
Sur les grelots du Vaudeville,
Qui pourra demain
Périr la marotte à la main.

Mais si quelqu'auteur,
Pour son malheur,
Sur notre scène
Nous chante soudain,
Comme autrefois, un gai refrain,
Et le verre en main
Trouve la gaité qu'il ramène.
On criera bientôt :
Ah ! Dieu, quel auteur rococo.
Adieu le plaisir,
Adieu la gaité du village,
Pour vous attendrir,
Bis   Il vous faut du sang à loisir.
Et dans ton désir
De faire un terrible voyage,
Tu crois voir du sang
Sous tes pas à chaque moment.

LACHAUSSÉE.

Stupide entêtement !.. Stupide ! Enfin tu le veux ?

PIERRON.

Oui.

LACHAUSSÉE.

Certes, je ne t'abandonnerai pas; mais nous y sommes.

PIERRON.

Moi, je crois au contraire que tu n'y es plus.

~~~~~~

SCÈNE VII.

PIERRON, LACHAUSSÉE, DUBOIS, puis Mme DUBOIS.

DUBOIS, *apportant un fagot.*

Eh bien ! ma femme,... Marie... Marie...

Mme DUBOIS, *en dehors.*

Voilà.

DUBOIS, *allumant le feu.*

J' vas vous faire une bonne régalade.

Mme DUBOIS.

Faut-il en faire aussi dans la chambre de ces messieurs ?

ENSEMBLE.   { PIERRON. -- Oui.

{ LACHAUSSÉE. — Non,
Mme DUBOIS *reste indécise.*

PIERRON.

Oui, oui, madame (*à Dubois.*) Votre auberge, mon brave, n'a pas l'air très-achalandée.

DUBOIS.

Oh ! il y en a de meilleures.

PIERRON.

Eh ! que nous donnerez-vous à souper ?

DUBOIS.

Une soupe à l'oignon, un canard et une salade.

PIERRON.

Eh bien, mais c'est à merveille.

Mme DUBOIS, *bas à son mari.*

Victor les a-t-il plumés ?

DUBOIS, *de même.*

Il n'a pas pu les attraper.

(*Les voyageurs observent.*)

Mme DUBOIS, *bas.*

Comment faire ?

DUBOIS, *bas.*

Fais monter ces messieurs. Nous irons tous trois.

Mme DUBOIS, *bas.*

Bien.

LACHAUSSÉE, *poussant le bras de Pierron.*

Heim ! Heim !

PIERRON, *à mi voix.*

Mais non, mais non, laisse-moi donc tranquille.

LACHAUSSÉE, *avec une fureur concentrée.*

Mon cher Pierron, il n'y a rien de si bête qu'un homme d'esprit.

PIERRON.

Cela te regarde.

LACHAUSSÉE.

Va, tu ne riras pas long-temps.

PIERRON.

Tant mieux, ça fait mal. Le rire est une convulsion.

Mme DUBOIS , *s'approchant une chandelle à la main.*

Ces messieurs veulent-ils monter dans leur chambre ?

PIERRON.

Oui, très-volontiers. (*à Lachaussée*): Toi, tu t'es distingué dans l'action, je te nomme caporal, suis-moi donc dans ton grade.

LACHAUSSÉE.

Il est incorrigible. Enfin nous verrons bientôt. *Avec effroi.* Mais je ne crois pas me tromper.

(*Ils montent l'escalier et entrent dans leur chambre, près de celle de Catherine.*)

~~~~~~

SCÈNE VIII.

Mme DUBOIS, *redescendant.*

Là, les v'là dedans. — Ah ! il faut espérer qu'ils seront satisfaits. Demain tout sera fini. Payer ou partir. — Catherine est toujours là, dans la chambre, pauvre enfant. Mon mari est aux canards, allons le rejoindre.

(*Elle sort*).

~~~~~~

SCÈNE IX.

LACHAUSSÉE.

(*En bonnet de coton, s'avance avec précaution sur la galerie Il tient une chandelle à la main Pierron le suit*).

LACHAUSSÉE.

Laisse-moi, laisse-moi. Je te dis que je ne veux pas me coucher. Qui sait s'il n'y a pas des trapes. (*Il frappe du pied partout*). Je n'ai pas envie de dormir. Quelle lugubre obscurité.

PIERRON.

Mais, malheureux, tu ne faisais que crier la fatigue durant toute la route. Tu me rompais les oreilles à force de soupirer après un lit.
~~~~~~

LACHAUSSÉE.

Dormir, dormir ?... Mais tu me prends donc pour un imbécile, un niais, une brute... Dormir! pour que l'on nous coupe le cou. — Oh! Pierron, Pierron, que tu es imprudent.

PIERRON.

Va, je veillerai sur toi et j'arrêterai la mort au passage.

(*d'un ton dramatiquement comique :*)
Car je te plains,
de tomber tout vivant dans leurs sanglantes
[mains.

LACHAUSSÉE.

Examinons attentivement cette horrible caverne. Point de verroux, la porte ne ferme pas.

(*s'avançant vers la porte voisine.*)
As-tu vu cette trape au dessus du lit ?

PIERRON.

Imbécile, c'est le grenier.

LACHAUSSÉE.

Qu'avons-nous dans notre voisinage?

(*Il regarde dans la chambre à côté*)
Ciel! quelle quantité de chapeaux. Que sont devenues les têtes qui les portaient? Plus de doute, c'est un repaire de brigands. Regarde, regarde.

PIERRON, *regardant, demeure pensif.*
Eh! non.

LACHAUSSÉE, *approchant la lumière de la chambre où est Catherine.*

Que vois-je? Oh! mon ami, une femme étendue sur le bord du lit et baignée dans son sang. — Eh bien! me crois-tu maintenant ?

PIERRON.

Oui, je frémis,... quelle horreur! ne crains rien, silence.

LACHAUSSÉE.

Oh! dès que tu as peur, je ne crains plus rien.

PIERRON.

J'ai par hasard remarqué au bas de cet escalier une cave ouverte, il faut épier l'instant favorable pour nous y blottir et, de là nous pourrons fuir, ou nous nous forcerons le passage. Compte sur moi.

LACHAUSSÉE.

Oh! tu peux aussi te fier sur ton second. La crainte n'exclut pas le courage.

(*Ils se cachent au bord de la cave.*)

SCÈNE X.

DUBOIS, Mme DUBOIS, VICTOR, PIERRON ET LACHAUSSÉE, *tous deux aux écoutes.*

(*Jeu de scène entre Pierron et Lachaussée, durant toute cette scène.*)

VICTOR, *à mi voix et avec réserve.*
Nous les tenons, ils y passeront tous les deux. Ils ont été bien long-temps avant de se décider à entrer. Enfin ils y sont.

(*Pantomine expressive de Pierron et Lachaussée.*)

DUBOIS, *à Victor.*
As-tu fermé la trappe?

LACHAUSSÉE, *bas à Pierron.*
La trappe?

PIERRON.
Silence.

VICTOR, *à Dubois.*
Oui.

DUBOIS.
Dépêchons,.. il ne s'agit pas cette fois comme à l'ordinaire d'attendre qu'ils soient endormis. — Le temps presse, à l'œuvre.

VICTOR.
Par lequel faut-il commencer ?

Mme DUBOIS.
Bah ! il faut les tuer tous les deux.

VICTOR.
Allons, eh bien ! mon père, venez vite avec moi de peur que l'un ne se sauve sur les cris de l'autre; vous empoignerez le gris, moi je me charge du noir.

LACHAUSSÉE, *bas.*
Le gris.

PIERRON, *bas.*
Le noir.

Mme DUBOIS.
Fermez moi d'abord les fenêtres de la buanderie, je n'ai jamais pu en venir à bout. Le tonnerre pourrait entrer par là !

DUBOIS, *à Victor.*
Nous allons les fermer. — Ton couteau coupe-t il bien? Un petit repassage n'y fera pas mal. Ils ont déjà tant servi dans de semblables opérations.

(*Ils aiguisent leurs couteaux et sortent.*)

SCÈNE XI.

Mme DUBOIS. — PIERRON, LACHAUSSÉE, *dans la cave.*

Mme DUBOIS.
Oh ! j'aurai bien encore cent écus de la cassette de la bonne femme. Dieu veuille avoir son âme! Eh ! mes amis, demain votre compte sera réglé,.. le reste à la grâce de Dieu!

SCÈNE XII.

DUBOIS, VICTOR, Mme DUBOIS, PIERRON ET LACHAUSSÉE, *dans la cave.*

DUBOIS, *mettant à la broche un canard tandis que Victor jette l'autre parterre.*

Allons, Marie, alerte, monte des draps et fais les lits.

Mme DUBOIS.
En même temps j'verrai si la petite a fini son somme. (*Elle monte dans la chambre des voyageurs.*)

DUBOIS.

Victor, coupez-moi deux roties pour mettre dans les canards.

VICTOR.

Oui, mon père. — (*Il coupe*). Et d'une,.. Et de deux,... C'est joliment travaillé ça... On dirait des semelles de liège. — Mais ça ne vaut pas les tartines de ma petite Catherine. J'l'aime ti, j'l'aime ti. C'est égal,.. j'te reconduirai toi,.. il n'pleuvra pas toujours,.. faudra bien causer un brin et j'crois pas qu'elle soit muette celle-là.

SCÈNE XIII.

DUBOIS, Mme DUBOIS, VICTOR.

Mme DUBOIS, *descend effrayée.*

Ah ! mon Dieu.

DUBOIS.

Qu'est-ce que tu as ?

Mme DUBOIS.

Ils n'y sont plus.

DUBOIS.

Qui ?

Mme DUBOIS.

Les voyageurs.

DUBOIS.

Eh ben ! le gros malheur. Pendant que nous étions dans le fournil, ils sont sans doute descendus dans la cour. Parbleu un fier événement.

VICTOR.

Non, il pleut à verse.

Mme DUBOIS.

D'ailleurs , j'étais là , je les aurais vus sortir.

DUBOIS.

C'est que tu ne les as pas vus. Ils ne peuvent être que là autour. Ils vont remonter ; allons, allons, dépêchons. La salade est-elle prête ? Voilà la soupe. Toi, Victor, vas à la cave ; tu sais bien à gauche, il y a encore une vingtaine de bouteilles, tu sais bien.

VICTOR.

Oui, oui, j'vas prendre une chandelle et je descends à la cave. (*Il descend dans la cave.*)

SCÈNE XIV.

DUBOIS, Mme DUBOIS.

Mme DUBOIS.

Tu diras tout ce que tu voudras ; c'est bien singulier. Si c'étaient des voleurs ?

DUBOIS.

Que tu es enfant ! Ils ont l'air de fort honnêtes gens.

Mme DUBOIS.

Mais non, mais non , ils nous regardaient drôlement.

DUBOIS.

Attends donc, tu m'y fais penser. C'est vrai, ils nous regardaient beaucoup , surtout le grand.

(*On entend un grand bruit dans la cave.*)

Oh ! mon Dieu !

Mme DUBOIS, *effrayée.*

Écoute.

DUBOIS , *effrayé.*

C'est la voix de Victor.

SCÈNE XV.

DUBOIS, Mme DUBOIS, VICTOR.

VICTOR.

A moi... au secours !.. ils sont là !.. ce sont des voleurs, des assassins, sauvons-nous.

(*Mme Dubois se cache dans l'armoire ; Dubois derrière les rideaux du lit ; Victor dans le pétrin.*)

SCÈNE XVI.

PIERRON , LACHAUSSÉE, *une hache à la main.*

PIERRON.

Ah ! misérables.

LACHAUSSÉE.

Scélérats.

PIERRON.

Arrête Ils sont nombreux peut-être et ce n'est pas sans motifs qu'ils ont déserté cette chambre. Ne nous aventurons pas.

LACHAUSSÉE.

J'entends du bruit.

PIERRON.

Oui, attention. Tenons-nous sur nos gardes, là , sur la première marche de ce caveau et, s'ils viennent , sans leur donner le temps de se reconnaître , attaquons les. Es-tu prêt ?

LACHAUSSÉE.

Oh ! je me sens des idées de cannibale. Cachons-nous.

(*Ils rentrent dans la cave.*)

SCÈNE XVII.

DUBOIS DE L'ÉTANG, *le sabre à la ceinture , le fusil en bandouillère, chapeau mouillé et rabattu , bottes crottées; puis Catherine. — Pierron et Lachaussée sont dans la cave.*

DUBOIS DE L'ÉTANG.

Oh ! oh ! est-ce que les oisiaux seriont dénichés. Ah ! les camarades, on n's'envole point comm'ça sans avoir affaire à mé. — Cachez - vous , mais vous n'm'échapperez point (*Il regarde partout*). Oh ! v'là ti une quendelle qu'a un long nez.

(*On entend frapper, puis crier Catherine de la chambre où elle est restée.*)

CATHERINE, *d'en haut.*

Victor, ma cousine, j'sis enfermée, à mé.

DUBOIS, DE L'ÉTANG.

On dirait, conscience de dieu, la voix d' notre fille quoi. (*On entend encore frapper.*)

Un moment quoi , un moment que diable ,
donnez mé le temps de monter. (*Il prend la
chandelle et monte l'escalier.*)

CATHERINE, *d'en haut.*

Ma cousine, ouvrez mé, j'dors plus, j'm'en-
nuie mé.

DUBOIS DE L'ETANG.

Jour de dieu, c'est not'fille tout d'même
quoi. Attends, va , j'ai la clef au bout d'mon
pied. (*Il donne un coup dans la porte , et
prend Catherine par le bras et la fait des-
cendre*). Qu'est-ce que tu fais parmi des co-
quins, des voleurs qui n'me payont point.

CATHERINE.

Oh ! n'me tapez point, n'me tapez point.
J'vous aime bé mé; j'suis point ingrate, j'vous
'rendrais dà.

DUBOIS DE L'ETANG.

Ous qu'est ton cousin, où sont-ils trétous ?

CATHERINE.

Est-ce que je sais mé, j'ai dormi là haut
comme une morte, quoi.

LACHAUSSEE, *bas à Pierron.*

C'est le voleur de ce matin.

PIERRON, *de même.*

C'est mon fermier.

LACHAUSSEE.

Ton fermier !

PIERRON.

J'en suis sûr. Nous sommes mystifiés ,
prenons notre revanche.

LACHAUSSEE, *s'élance sur Dubois de l'Etang
et le saisit à la gorge.*

Ah ! scélérat.

CATHERINE.

Ah! laissez man papa, laissez-le tout d'suite,
ou vous allez voir. Si vous croyez qu'un homme fait peur , vous vous trompez.
(*Pendant ce temps Pierron sort de la cave,
se cache et observe.*)

LACHAUSSEE.

Qui êtes-vous? Venez-vous ici pour nous
égorger ? Commencez-vous par le gris ou par
le noir ?

DUBOIS DE L'ETANG.

Comprends point, man brave homme, c'est
comme si vous me parliez iroquois, quoi.
Moi , vous égorger , c'est vous qui m'étran-
glez. L'gris ou l'noir si vous voulez , j'dis-
pute point des gouts mé.

VICTOR , *soulevant le pétrin qu'il referme
aussitôt.*

L'gris ou l'noir , c'est les canards.

Mme DUBOIS, *entr'ouvrant son armoire.*

C'est les canards.

DUBOIS , *du lit où il est caché.*

C'est les canards.

CATHERINE.

Ous qu'ils sont donc; ils jouent donc à
cache-cache, quoi.

DUBOIS , *sortant de son lit, à Lachaussée.*

N'ayez pas peur, Monsieur, j'vas vous ex-
pliquer; d'abord vous n'aurez jamais aussi
peur que moi. Il ne nous restait pour vous
donner à souper que deux canards; nous avons
dit : Ils y passeront tous les deux, et vous
aurez cru...

LACHAUSSÉE.

Ah !.... Mais ce fusil, ce sabre, cette riche
cassette , qu'une femme a cachée à notre
arrivée.

Mme DUBOIS, *sortant de l'armoire.*

C'est une cassette qui vient de ma mère.
Je voulais la vendre pour payer mon cousin
avec cet argent.

DUBOIS DE L'ETANG.

Payez mé quoi, je n'demande que man dû.

LACHAUSSEE.

Et ce jeune homme qui est venu à tâtons
dans la cave?

VICTOR , *soulevant le pétrin et tout blanc de
farine.*

J'suis innocent, j'allais chercher du vin
pour vous. J'suis blanc comme neige.

CATHERINE.

Ah! c'est Victor. Ah ! le v'là blanc comme
une oie qui n'a que le bec rouge. Man pauv'ti
Victor, mé qui t'aime tant.

DUBOIS DE L'ETANG.

Eh bien ! petite déhontée, vous osez...

CATHERINE.

Tant pis, mé j'aime man cousin.. Vous
l'saurez bé, allez, que j'l'aime , vous l'verrez
bé.

DUBOIS DE L'ETANG.

Catherine, Catherine , voulez-vous bé vous
taire, quoi.

CATHERINE.

Tiens, il y a trois heures que je ne dis
rien. J'dormais.

LACHAUSSEE, *à Dubois de l'Etang.*

Grâce à vous qui voulez ruiner votre cousin,
nous avons pris son auberge pour un repaire
de brigands , vous compris. Mais le hasard le
plus bizarre est celui qui permet que nous nous
rencontrions ici... Car, si je ne me trompe...
vous êtes le fermier de M. Eugène Pierron ?

DUBOIS DE L'ETANG.

Oui, Monsieur, j'ai c'l'honneur là.

LACHAUSSEE.

Et moi je sollicite cet honneur là : Votre
bail est fini , j'allais voir la ferme avec mon
ami, quand j'ai été surpris par l'orage; je
veux être son fermier.

DUBOIS DE L'ETANG.

Ah ! mon doux ami... c'est loué trop cher;
c'est sujet à la grêle et aux coups de soleil.
Les souris mangent tout et les blaireaux retour-
nent les grains, qu'c'est une malédiction ,
quoi.

LACHAUSSEE.

Mais j'ai pris des renseignements et j'ai
compté.

DUBOIS DE L'ETANG, *à part.*

Si tu crois me démonter té, t'as mal
compté.

LACHAUSSÉE.

Vous rendez 6,000 fr. et j'en offre 10,000 à M. Pierron. J'aurais conclu de suite, mais il m'a dit qu'il vous donnerait la préférence.

DUBOIS DE L'ÉTANG, *après une affreuse grimace.*

Mon ami, j'y perds déjà, j'y perdrai plus encore, mais je l'garderai pour l'honneur de l'servir.

LACHAUSSÉE.

Il exige en outre un pot de vin.

DUBOIS DE L'ÉTANG.

Pourvu que le pot ne soit point un broc.

LACHAUSSÉE.

M. Pierron vous dira cela lui-même.

DUBOIS DE L'ÉTANG.

Je l'attendais aujourd'hui quoi.

LACHAUSSÉE.

Le voici.

~~~~~~

SCÈNE XVIII.

LES PRÉCÉDENTS DUBOIS DE L'ÉTANG, PIERRON.

(A part) M. Pierron, ah ! j'suis suffoqué. *(Haut.)* — Comment c'est M. Pierron qui viént ici et ne descend point chez moi!

PIERRON.

J'y vais, mais je ne suis pas encore arrivé. D'ailleurs j'arriverai toujours assez tôt pour vous annoncer une mauvaise nouvelle. J'avais depuis long-temps la certitude que ma ferme n'était pas louée ce qu'elle valait. Voilà mon fermier. *(Il désigne Lachaussée.)*

DUBOIS DE L'ÉTANG, *piteusement.*

Mais, M. Pierron, ce Monsieur tout à l'heure, quand il avait la bonté de m'prendre pour un voleur, m'a dit qu'vous m'donniez la préférence à mé.

PIERRON.

Vous trouvez le bail si cher !

DUBOIS DE L'ÉTANG.

Oui, mais pour l'honneur de vous servir.

PIERRON.

Oui, mais c'est la souris...

DUBOIS DE L'ÉTANG.

J'mettrai de la mort aux rats.

PIERRON.

C'est le blaireau.

DUBOIS DE L'ÉTANG.

J'tendrai des pièges.

PIERRON.

Vous n'tendrez pas des pièges au soleil.

DUBOIS DE L'ÉTANG.

J'suis plus content du soleil, il s'comporte mieux, n'y a pas de reproches à lui faire: l'soleil est chaud, mais l'sol est frais.

PIERRON.

Mais c'est la grêle.

DUBOIS DE L'ÉTANG.

Je me ferai assurer, quoi.

PIERRON.

Vous savez que c'est 10 au lieu de 6.

DUBOIS DE L'ÉTANG.

Je l'sais bé.

PIERRON.

Alors vous savez que vous êtes mon fermier, mais vous ne savez pas encore que je suis votre locataire.

DUBOIS DE L'ÉTANG.

Vous, M. Pierron, vous vous moquez.

PIERRON, *imitant l'accent Normand.*

Moi, Pierron, combien louez-vous cette maison à votre cousin ?

DUBOIS DE L'ÉTANG.

Huit cents livres, M. Pierron.

DUBOIS.

Non, mon cousin, c'est six cents.

DUBOIS DE L'ÉTANG, *en colère.*

Vous n'en savez rien, pisque vous n'me payez point.

PIERRON.

Ah ! vous voulez me la louer huit à moi, quand elle ne l'est que six à un autre.

DUBOIS DE L'ÉTANG.

C'est parce que c'était man cousin, un parent, quoi.

PIERRON.

Il me faut pour ma ferme, mille écus de pot de vin.

DUBOIS DE L'ÉTANG.

Ah ! vous dites bé cher.

LACHAUSSÉE.

Je prendrai si Monsieur ne prend pas.

DUBOIS DE L'ÉTANG.

Je prendrai tout mé.

PIERRON.

J'y mets encore une condition, nous marions ces enfants-là.

VICTOR.

C'est-y possible !

CATHERINE.

Ah ! M. Pierron, si vous saviez comme vous m'contentez.

DUBOIS DE L'ÉTANG.

J'en suis désespéré; mais ils n'ont point l'sou, j'en ai bé des regrets.

CATHERINE.

Mariez mé, man père, mariez mé. C'est man affaire s'il n'a rien, je l'prends pour ce qu'il vaut quoi.

LACHAUSSÉE, *à Pierron.*

Qu'elle est drôle. Elle est charmante.

PIERRON, *à mi voix.*

Mais, oui, n'est-ce pas, pour un cadavre.

LACHAUSSÉE, *bas.*

Mauvais farceur.... *(Plus bas.)* Ne me perds pas, tu n'étais pas trop rassuré.

PIERRON, *à Dubois de l'Etang.*

Combien donnez-vous à votre fille ?

DUBOIS DE L'ÉTANG.

Quinze mille livres, M. Pierron.

CATHERINE.

Je n'pourrai jamais manger ça toute seule mé.
~~~~~~

PIERRON.

Et moi je donne à Victor pour la peur qu'il a faite à mon ami Lachaussée les trois mille francs de pot de vin. Ce sera sa dot, de plus il habitera pour rien cette maison que je vous ai louée.

DUBOIS DE L'ÉTANG.

Ah ! vous plaisantez.

PIERRON.

Je ne plaisante point ; seulement vous ferez relever cette auberge qui tombe en ruine.

CATHERINE.

Et nous l'habiterons, ce sera notre établissement quoi.

PIERRON.

Charmante idée, ma petite, et je m'y associe pour l'enseigne. Qu'en dis-tu, Lachaussée :

Aux deux Canards.

VICTOR.

Ah ! oui les canards.

LACHAUSSEE.

Ces canards-là me resteront toujours sur la conscience.

DUBOIS DE L'ÉTANG.

M. Pierron, je n'ai rien à vous refuser mé.

PIERRON, *lui tend la main comme au marché.*

Tape.

DUBOIS DE L'ÉTANG, *tape et retourne sa main.*

(*A part.*) Il a tapé, j'ai point tapé mé, ma conscience est tranquille dà.

Mme DUBOIS.

Ah ! quelle joie vous nous causez, comment vous remercier, vous êtes un Dieu pour nous.

PIERRON.

Je suis plus heureux que vous, je vous dois la plus jolie aventure qui me soit arrivée de la vie.

LACHAUSSEE.

Et moi, la plus belle frayeur.

CHŒUR.

Air de la Normande.

Ah ! que de bonheur,
Amis, pour ce soir,
Ah ! que d'espérance
Qu'un bravo flatteur
Charme notre cœur,
Comble notre espoir.

PIERRON

AU PUBLIC.

Air du Cheval du Brasseur.

Messieurs, dans ce monde bizarre,
Combien voyons-nous de canards ;
La France est, je vous le déclare,
Le pays de tous ces pendards.
Là, le chanteur d'un ton criard,
Nous fait entendre sans égard,
Un bon canard des plus barbares,
Qu'il appelle un chat sans retard ;
Se plaignant qu'un rhume dépare
Son bel organe par hasard.
Au café l'on trempe un canard,
Dans le Moka le plus bâtard.
Voyez cet oiseau qui se carre,
Criant can can d'un ton gogu'nard,
Et barbotte dans une mare,
Messieurs, c'est encore un canard ;
Bientôt un cuisinier barbare
Vient le saisir comme un mouchard,
Et lui tord le cou qu'il sépare
Avec son large tranchelard.
Dans cet hôtel, je le déclare,
Messieurs, ce soir par pur hasard,
Nous n'avons, c'est vraiment bizarre,
A vous offrir que du canard.
Mais avant que l'on se sépare,
Demain revenez sans retards,
Je vous promets que je prépare
Un plat meilleur que nos canards.

CHŒUR.

Ah ! que de bonheur
Amis pour ce soir,
Ah ! que d'espérance
Qu'un bravo flatteur,
Charme notre cœur,
Comble notre espoir.

FIN.

LAGNY. — IMPRIMERIE D'A. LAURANT.

En vente.

LE LIVRE D'AMOUR, par Emmanuel Gonzalès. . . . . : 2 vol. in-8 .

L'ABBÉ OLIVIER, par Clémence Robert. . . . . 1 vol. in-8.

THÉRÈSA, par madame Charles Reybaud. . . . . 1 vol. in-8.

LA MÈRE FOLLE, par Auguste Arnoult. . . . . 1 vol. in-8.

Sous Presse.

LA DUCHESSE DE CHEVREUSE, par Clémence Robert. . . . 2 vol. in-8.

LES MÉMOIRES D'UN ANGE, par Emmanuel Gonzalès. . . . 2 vol. in-8.

LA MARQUISE D'ALPUJAR, par Molé-Gentilhomme. . . . . . 2 vol. in-8.

LA FILLE DU GONDOLIER, par Jules David. . . . . 2 vol. in-8.

THOMAS LE CARRIER, par Roland Bauchery. . . . . 2 vol. in-8.

DENISE LA FIANCÉE, par Michel Masson. . . . . 2 vol. in-8.

L'HONNEUR DU MARI, par Auguste Arnoult. . . . . 2 vol. in-8.

GEORGES LE MONTAGNARD, par Eugène de Mirecourt. . . 2 vol. in-8.

LAGNY. — Imprimerie d'Aug. LAURANT.

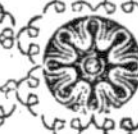

[illegible]

[illegible]

[illegible]

9 782019 252168